UNE

RÉFORME FINANCIÈRE

INDISPENSABLE

MÉTHODE

Permettant d'arriver à la suppression des intérêts pour les Emprunts futurs

UNE

RÉFORME FINANCIÈRE

INDISPENSABLE

Le Budget de 1887.

La discussion du budget de 1887 a montré à quel point les finances de la France sont ébranlées.

On croyait qu'il n'y avait qu'à vouloir sérieusement l'équilibre du budget pour l'obtenir, et les députés se sont courageusement efforcés de chercher des réformes, des solutions permettant la diminution des dépenses ou l'augmentation des recettes, pour obtenir précisément cet équilibre tant désiré. — C'est ce qui explique comment la discussion du budget de 1887 a été si longue, et en apparence si confuse, et ce qui donne la raison des divers votes de la Chambre qu'on a bien à tort qualifiés de *coups de têtes*.

La Chambre voulait des réformes ; on les lui avait formellement promises, on s'était engagé à lui présenter un budget en parfait équilibre, sans emprunts et sans impôts nouveaux : la promesse n'ayant pas été tenue, la Chambre a voulu forcer la main au ministère, et, sans tenir compte des travaux et de l'opinion de la Commission du budget, qui était restée avec le gouvernement sur le terrain du *statu quo*, elle a démoli le budget pièce par pièce et finalement renversé le ministère.

Voilà en très peu de mots la synthèse des grandes discussions du budget de 1887. — L'expérience a été trop funeste pour qu'on puisse désirer qu'un pareil état de choses se renouvelle à propos du budget de 1888.

Nécessité d'arrêter une ligne de conduite pour l'avenir.

La question financière est donc sérieusement à l'ordre du jour.

C'est qu'en effet la République, qui a la légitime prétention de se croire un gouvernement définitif, ne peut pas dire comme les monarchies qui l'ont précédée : « *Après moi le déluge !* » La question de l'avenir

financier de la France est donc une question capitale pour le parti républicain, et ce qui vient de se passer pour le budget de 1887 démontre qu'il est temps d'adopter une politique financière conforme aux nécessités, ayant surtout pour objet de réparer les fautes commises par les gouvernements antérieurs.

Peut-on admettre, par exemple, que la méthode qui consiste à emprunter chaque année, soit pour équilibrer le budget ordinaire, soit pour faire face à des dépenses nouvelles, est une méthode qui peut s'éterniser?

Peut-on admettre qu'on empruntera toujours, sans se préoccuper du remboursement de la dette, et sans tenir compte de la situation terrible que l'augmentation constante des arrérages finira par créer au Trésor francais?

Non ! car cette méthode conduit inévitablement à la banqueroute.

L'emprunt perpétuel est une véritable monstruosité économique; certains financiers prétendent cependant qu'il ne faut pas se préoccuper de la dette perpétuelle : 1° Parce que l'Etat n'a pas de délai fixé pour le remboursement; 2° Parce qu'à un moment donné on pourra convertir cette dette, c'est-à-dire réduire le taux de l'intérêt et diminuer ainsi les charges supportées par les contribuables.

C'est avec ce raisonnement dangereux qu'on a réussi, jusqu'à ce jour, à tromper le pays sur sa véritable situation financière. Déjà en 1825 M. de Villèle, pour faire voter à la Chambre la fameuse loi du milliard d'indemnité en faveur des émigrés, tenait le même langage.

Conformément à la loi du 25 avril 1825, une annuité de 30 millions de francs fut inscrite au budget de 1826 et depuis, la même annuité a toujours reparu dans nos budgets.

De telle sorte qu'au 31 décembre 1887, les contribuables français auront payé aux émigrés ou à leurs héritiers

$30.000.000 \times 60 = 1.800.000.000$ francs.

En outre, l'Etat leur devra toujours le milliard voté en 1825, et les contribuables à venir continueront à en payer les arrérages au même taux d'intérêt.

Il est inutile d'insister davantage sur ce fait, qui est d'ailleurs compris par tout le monde aujourd'hui.

Il faut donc arrêter une ligne de conduite — c'est le point principal — et sortir des errements dans lesquels on a pataugé jusqu'à ce jour.

Les Dépenses.

Les dépenses d'un pays se divisent en deux grandes catégories :

Les dépenses ordinaires, qui sont nécessaires à l'existence même de la nation : Rétributions des fonctionnaires, arrérages, entretien de l'armée, instruction publique, etc..., etc...

Les dépenses extraordinaires, qui sortent des cadres de l'administration nationale proprement dite, mais que les nécessités économiques, créées par la concurrence commerciale et industrielle des nations, rendent absolument indispensables.

Ces dépenses extraordinaires, destinées soit à augmenter et développer l'outillage national, soit à assurer l'existence même de la patrie (dépenses inévitables, nous le répétons), doivent cependant être traitées d'une autre manière que les dépenses ordinaires qui se présentent chaque année.

Quand on construit, par exemple, un chemin de fer, cette construction ne se fait pas pour les besoins d'une année seulement ; le chemin de fer servira à plusieurs générations et augmentera progressivement la fortune publique des régions qu'il traverse. Il est donc rationnel d'admettre que la dépense nécessitée par l'établissement des voies ferrées soit répartie sur un certain nombre d'années, de manière que chaque génération appelée à bénéficier du chemin de fer supporte sa part des frais de construction.

L'exemple ci-dessus s'applique d'ailleurs à toutes les dépenses extraordinaires d'une nature *productive*, c'est-à-dire à la construction de canaux, de lignes télégraphiques, de routes, à l'amélioration des ports de mer, etc.

Cette méthode, rationnelle et équitable entre toutes, a pour résultat de doter la nation des instruments de production qui lui sont nécessaires, sans cependant écraser le présent au profit des générations futures.

Dépenses extraordinaires improductives.

Parmi les dépenses extraordinaires, il en est cependant qui, par leur nature essentiellement *improductive*, doivent être traitées d'une façon absolument différente que les dépenses extraordinaires affectées à des travaux qui, sous une forme et sous une autre, rendent au pays les sacrifices qu'il s'est imposés pour les exécuter.

Telles sont, par exemple, les dépenses de l'armement militaire et de la réfection ou de la construction du matériel naval.

L'armement n'est pas un outil de production : il est indispensable pour assurer la sécurité nationale, mais les dépenses qu'il entraîne sont des

dépenses perdues, pouvant se comparer aux accidents d'incendie qui surviennent, par exemple, chez les particuliers.

La nation a fait tous les sacrifices nécessaires pour se donner un armement de premier ordre, à la hauteur des armements des autres nations : qu'il survienne une invention nouvelle, une transformation rendant l'armement d'une nation voisine supérieur au nôtre. Immédiatement, sans discussion, sans résistance possible, il nous faut, à notre tour, transformer ou modifier notre armement, c'est-à-dire faire sur-le-champ de nouvelles dépenses, quelquefois excessives, et toujours en pure perte pour la production économique.

Si on étudie attentivement la marche ascendante de nos dépenses ; si on recherche avec soin la raison des déficits qui se sont produits dans notre budget en pleine paix, en dehors de toute crise économique, on constate que, quatre fois sur cinq au moins, ce sont les dépenses imprévues de l'armement, survenant au dernier moment et qu'il fallait exécuter sans retard, qui ont rompu l'équilibre et bouleversé les prévisions budgétaires.

Nous sommes donc en présence d'un fait qui peut se comparer aux accidents d'incendie dont nous parlions plus haut. Or, ne savons-nous pas que la science économique a trouvé un moyen de parer, grâce à l'assurance, aux éventualités des hasards malheureux qui peuvent survenir dans l'existence des individus !

Moyennant une somme insignifiante, chacun peut se mettre à l'abri de ces accidents matériels auxquels il est exposé, malgré son intelligence et sa prudence. Tel qui, avant l'application de l'assurance, se trouvait littéralement ruiné par un incendie, ou se voyait condamné à mourir de faim, lui et sa famille par un accident corporel, est aujourd'hui à l'abri de ces éventualités funestes par le simple payement d'une légère prime qu'il verse chaque année, sans que ses ressources habituelles en soient sensiblement affectées.

Or, ce qui est si précieux pour l'individu doit également l'être pour l'Etat.

Le budget d'une nation peut se comparer à la fortune d'une famille. La prospérité d'une famille rejaillit sur tous ses membres, mais cette prospérité ne peut s'obtenir que par une intelligente administration des ressources et revenus, et une sage prévoyance de l'avenir.

De même, les nations qui administrent bien leurs finances, qui règlent leurs dépenses d'après leurs recettes réelles, et qui savent se mettre à l'abri

des éventualités malheureuses du hasard, ont toujours une situation prospère dont l'ensemble des citoyens bénéficie.

Principe qu'il faut adopter.

Ces considérations générales développées, nous avons à nous demander par quel système on peut pratiquement arriver aux résultats désirés par tout le monde.

Il ne faut pas avoir la prétention de vouloir transformer d'un seul coup notre système financier.

Le passé est un fait accompli qu'il faut subir, et, quelles que soient les charges qu'il nous ait laissées, il faut en prendre notre parti et y faire face.

Cependant, grâce à des mesures partielles, telles que conversion et unification de la dette, meilleure répartition de l'impôt, etc., on doit arriver à atténuer, dans une certaine mesure, la situation faite à notre génération et aux générations futures.

Mais il est un principe que nous pouvons, et que nous devons dès maintenant appliquer, en ce qui concerne les nouvelles dettes à contracter pour l'avenir.

Si nous suivions toujours la méthode de nos prédécesseurs, non seulement nous ne parviendrions jamais à dégager nos finances des créances formidables qui les écrasent, mais encore nous aggraverions la situation. Il est donc indispensable d'adopter dès maintenant une méthode qui permette d'exécuter les dépenses que la situation rend nécessaires, mais en empruntant de telle façon que l'avenir, déjà si compromis, ne s'en trouve pas compromis davantage.

Tout est dans la manière d'emprunter et d'engager les dépenses.

Nous avons vu, par exemple, que les dépenses extraordinaires se divisaient en deux parties : dépenses extraordinaires *productives* et dépenses extraordinaires *improductives*. Nous avons vu également que ces deux ordres de dépenses, qui sont si différents au point de vue économique proprement dit, sont cependant traités, au point de vue budgétaire, exactement de la même façon. C'est une grave erreur financière.

Que les frais de construction d'une voie ferrée, d'une ligne télégraphique, d'une route nouvelle, etc., dont la durée est illimitée et dont le fonctionnement produit sous une autre forme les sommes qui y ont été con-

sacrées par l'Etat, soient fournies par des emprunts amortissables dans une période plus ou moins longue, cela est admissible. Nous ne voulons pas examiner ici s'il ne serait pas encore plus rationnel d'employer une autre méthode de traitement. Mais, que les dépenses *improductives* et renouvelables, comme celles de l'armement militaire ou la construction, la réfection du matériel naval, soient traitées de la même manière, c'est absolument anormal et contraire à toutes les données de la science économique moderne.

Ces dépenses sont de véritables accidents qu'on doit considérer comme les éventualités de l'incendie. C'est donc par un système d'annuités calculées d'après l'importance et la durée probable des navires ou de l'armement qu'on peut résoudre le problème.

Trois systèmes d'emprunts.

Pour faire face aux dépenses nécessitées par l'armement et la construction du matériel naval, l'emprunt amortissable pourrait suffire dans une certaine mesure, si la durée de l'armement pouvait être prévue d'avance et rigoureusement déterminée. Malheureusement, il n'en est point ainsi, car il peut arriver qu'au lendemain même d'une transformation du matériel de guerre, une invention nouvelle mette la nation dans la nécessité absolue de construire un autre matériel.

Pour se mettre à l'abri de cette éventualité, il faut donc doubler l'opération de l'amortissement d'une autre opération connexe qui permette à la fois, et d'éteindre la dette contractée pour l'armement actuellement en service, et de constituer un fond de réserve spécial, pour faire face à la nécessité imprévue d'un nouvel armement à créer.

Cette double opération de l'amortissement et de la reconstitution des dépenses d'armement, et plus généralement de toutes les *dépenses improductives*, peut s'obtenir en ajoutant à l'intérêt ordinaire des capitaux empruntés d'abord l'annuité d'amortissement, et ensuite une nouvelle annuité qu'on pourra nommer *l'annuité de reconstitution*.

Prenons un exemple : — Supposons qu'en 1887 la construction de nouveaux navires de guerre nécessite une dépense de 100 millions de francs.

Si l'Etat emprunte cette somme à 4 0/0 en rente perpétuelle, il aura à payer chaque année une annuité d'intérêt de 4 millions de francs.

Un navire de guerre dure environ trente ans. Donc, au bout de trente années, l'Etat devant déjà 100 millions pour les dépenses de 1887, sera dans la nécessité de faire à nouveau un emprunt de 100 millions, ce qui élèvera son annuité d'intérêt à 8 millions de francs.

1er Cas.

Par conséquent, avec la méthode de l'emprunt sans amortissement prévu, à la fin de la 60e année, l'Etat aura payé à ses créanciers :

1° Intérêts des	30 premières années,	$4 \times 30 =$	120 millions.
2° id.	30 dernières id.	$8 \times 30 =$	240 d°
		Total......	360 millions.

Et il devra toujours les 200 millions empruntés.
Si, à ce moment, il ne veut plus payer d'intérêts, il remboursera les 200 millions empruntés, soit........ 200 millions.

Total....... 560 millions.

En réalité, l'Etat aura donc reçu 200 millions de ses créanciers, et, sous forme d'intérêts ou de remboursement, il leur aura donné 560 millions.

2me Cas.

Voyons comment les choses se passeraient avec le système de l'annuité simple d'amortissement :

D'après la formule $t = \frac{r}{(1 + r)^n - 1}$

la somme qu'il faut ajouter à l'intérêt ordinaire de 4 0/0 pour amortir en trente années un capital de 100 millions est égale à 1.783.000 francs.

En un mot, en ajoutant à l'intérêt (4 millions) une annuité de 1.783.000 francs, l'emprunt de 100 millions se trouvera absolument éteint à la fin de la 30e année.

Voyons alors ce que l'Etat aura payé à ses créanciers :

30 fois 4 millions : soit	120.000.000 fr.
30 fois 1.783.000 : soit	53.490.000 fr.
Total....	173.490.000 fr.

Mais il ne devra plus un centime.

Au commencement de la 31e année, l'Etat empruntera à nouveau et dans les mêmes conditions une nouvelle somme de 100 millions. A la fin de la 60e année, il aura versé à ses créanciers un nouveau total de 173.490.000 francs, mais cette seconde dette sera alors absolument amortie et, à partir de la 61e année, l'Etat n'aura plus à donner un centime pour les deux emprunts antérieurs.

Ainsi donc, pendant la période de soixante années, l'Etat aura payé à ses créanciers, intérêts et remboursement du capital compris, une somme totale de :

30 premières années	173.490.000 fr.
30 dernières années	173.490.000 fr.
Total....	346.980.000 fr.

Comparons maintenant les deux systèmes :

Dans le premier cas (emprunt sans remboursement), l'Etat payerait à ses créanciers 360.000.000 de francs d'intérêt en soixante années, et il devrait toujours les 200 millions du capital emprunté.

Dans le deuxième cas, au contraire, l'Etat n'aurait payé à ses créanciers que 346.980.000 francs (soit déjà 13 millions de moins), et il aurait remboursé intégralement ses deux emprunts.

Ainsi, pour arriver exactement au même résultat, c'est-à-dire deux emprunts de 100 millions de francs, au même taux d'intérêt à trente années d'intervalle, la seconde méthode économiserait aux contribuables 13 millions sur les intérêts seulement, ce qui est relativement peu de chose, mais permettrait en outre d'éteindre entièrement les deux emprunts sans un centime de dépense nouvelle.

Le deuxième système apporterait donc en soixante années aux contribuables une économie réelle de 213 millions de francs.

3me Cas.

Voyons maintenant ce que les mêmes contribuables payeraient *réellement* avec la troisième méthode, que nous proposons d'adopter, c'est-à-dire avec une annuité d'amortissement doublée d'une annuité de *reconstitution*.

La *reconstitution* ne peut se faire qu'à un taux de capitalisation inférieur au taux de l'intérêt ordinaire, car cette opération comporte, pour celui qui s'en charge, un aléa dont il faut toujours tenir compte.

Par exemple, une Compagnie d'assurance consent à l'heure actuelle la

capitalisation à intérêts composés, 3 0/0 des sommes qu'on lui confie, parce que les valeurs d'Etat, ou les obligations garanties de Chemins de fer qu'elle peut acheter avec les sommes versées, lui rapportent environ 4 0/0. La différence permet à la Compagnie de faire face à ses frais généraux, et de parer aux aléas que la diminution éventuelle du taux d'intérêt des valeurs en question lui réserve pour l'avenir.

Donc, pour les calculs que nous allons établir, nous admettrons que le taux de la capitalisation ou de la **reconstitution** se fera toujours au moins à 1 0/0 au-dessous du taux de l'intérêt ordinaire.

D'après la formule $\frac{1}{2}\left((1+r)^n - 1\right) 1$ fr.,

si on plaçait à la fin de chaque année, pendant trente ans, une somme de 1 franc à intérêts composés 3 0/0, à la fin de la 30ᵉ année, la somme des annuités vaudrait 47 fr. 58 centimes.

Si l'on retourne l'équation, c'est-à-dire si l'on veut savoir qu'elle est l'annuité qu'il faudrait verser de la sorte pendant trente années pour constituer au bout de la 30ᵉ année un capital de 100 millions de francs, on constate que cette annuité est égale à 2.101.000 francs.

Ainsi donc, avec la troisième méthode d'emprunt, voici comment les choses se passeraient :

L'État emprunterait d'abord les 100 millions qui lui sont immédiatement nécessaires. Il aurait à payer :

1° Les intérêts ordinaires à 4 0/0 pendant trente années, soit : 4.000.000 × 30 = ...	120.000.000 fr.
2° L'annuité ordinaire d'amortissement à 4 0/0 en trente années, soit : 1.783.000 × 30 = ...	53.490.000
4° L'annuité permettant de constituer, à la fin de la 30ᵉ année, un capital disponible de 100 millions de francs, soit : 2.101.000 × 30 = ...	63.030.000
Total des sommes payées......	236.520.000 fr.

Mais, au commencement de la 31ᵉ année, l'Etat aurait à sa disposition la seconde somme de 100 millions pour laquelle les contribuables n'auraient cette fois plus rien à payer.

De telle sorte qu'avec le *3ᵉ système*, les contribuables n'auraient à payer en réalité que 236.520.000 francs pour arriver exactement au

même résultat, puisqu'il s'agit de deux dépenses de 100 millions chacune, à faire à trente années d'intervalle.

Ainsi donc, en résumant dans un tableau les 3 systèmes d'emprunts exposés ci-dessus, voici ce que les contribuables auraient à payer réellement avec chacun des systèmes :

	1er Cas EMPRUNT PERPÉTUEL sans amortissement. —	2me Cas EMPRUNT avec amortissement simple. —	3me Cas EMPRUNT avec amortissement et reconstitution. —
1re Année à la 30me	120.000.000	173.490.000	236.520.000
31me — à la 60me	240.000.000	173.490.000	0
Remboursement à la 61me année	200.000.000	0	0
Total des sommes payées.	560.000.000	346.980.000	236.520.000

Avantages et inconvénients.

Le système d'emprunt *avec annuité d'amortissement et de reconstitution* a un inconvénient que nous devons signaler tout de suite : c'est d'augmenter dans une certaine mesure les charges immédiates résultant de l'emprunt.

Ainsi, par exemple, avec l'emprunt perpétuel, la charge annuelle d'une dette de 100 francs à 4 0/0 par an n'est que de 4 francs. Mais la dette est en quelque sorte éternelle, et il faut se résoudre, ou à toujours payer l'intérêt, ou finalement à rembourser le capital emprunté.

Avec un emprunt amortissable en trente années, par exemple, l'annuité à payer chaque année au créancier est, il est vrai, supérieure de 1 fr. 783 à l'intérêt ordinaire ; mais le débiteur s'acquitte insensiblement de sa dette et s'en trouve entièrement libéré à la fin de la 30e année.

Qu'est-ce que le débiteur a payé en réalité à son créancier? — L'intérêt ordinaire qu'il aurait payé dans le cas d'une dette perpétuelle, plus trente frois l'annuité de 1 fr. 783, c'est-à-dire 53 fr. 49.

Ainsi, il aurait réellement emprunté 100 francs, et, grâce au mécanisme de l'amortissement, une somme de 53 fr. 49 lui aurait suffi pour liquider cette dette. Tout le secret de l'opération réside donc dans ce fait, qu'avec ce système, le débiteur fait payer à son créancier l'intérêt composé des sommes qu'il lui rembourse avant la 30e année C'est une combinaison ingénieuse qui rend en quelque sorte le créancier débiteur de son débiteur.

Dans le 3e système d'emprunt, celui que nous préconisons, l'avantage du débiteur est double, puisqu'il parvient non seulement à rembourser sa dette comme dans le cas de l'emprunt amortissable ordinaire, mais encore à se faire donner par son créancier une nouvelle somme équivalente à la fin de la période d'amortissement.

Ainsi par exemple, j'emprunte 100 francs remboursables en trente années. Si je prévois qu'à la fin de la 30e année 100 francs me seront encore nécessaires, je puis adopter une combinaison avec mon créancier, qui me permette non seulement de lui rembourser la première somme empruntée, mais en outre de l'obliger, à la fin de la 30e année, de me donner une nouvelle somme de 100 francs qui sera, cette fois, mon entière propriété et pour laquelle je n'aurai plus à payer d'intérêt.

Pour arriver à ce résultat, il me suffira de faire mon amortissement d'avance, je rendrai ainsi mon créancier doublement débiteur vis-à-vis de moi, et je bénéficierai à son détriment du produit des intérêts composés.

Voilà, dans toute sa simplicité, le principe de la méthode qu'il faudrait employer pour toutes les *dépenses improductives* et fatalement renouvelables, comme celles de l'armement et de la réfection du matériel naval.

C'est par celles-là qu'il faut commencer, ou tout au moins qu'il faut tenter l'expérience, car si ce premier essai est favorable, comme tout le démontre, on pourra nécessairement l'étendre, sans exception, à toutes les dépenses extraordinaires nouvelles.

Il est bien certain que si la France n'avait pas de dettes, si nos finances n'étaient pas déjà surchargées outre mesure par les arrérages des emprunts perpétuels, la simple méthode d'amortissement ordinaire pourrait suffire à liquider les dépenses extraordinaires nouvelles. Mais telle n'est point la situation, et puisque la liquidation du passé est si difficile, il faut, au moins en ce qui concerne les dettes nouvelles impossibles à éviter, prendre telles dispositions que l'avenir n'en soit pas aggravé.

La question est déjà posée.

La nécessité est la mère du progrès ; la pénible discussion du budget de 1887 a eu au moins le mérite d'attirer l'attention sur la question de l'amortissement, qu'on a malheureusement trop négligée, et même sur la question de la *reconstitution des capitaux*, qui était absolument ignorée jusqu'à ce jour.

Voici, en effet, ce qui a été dit et écrit sur cet intéressant sujet :

Après la formation du ministère Goblet, M. Dauphin, le nouveau ministre des finances, dressa un projet rectificatif du budget de 1887 et fut entendu par la Commission du budget.

Voici comment la presse rendit compte de cette première audition :

Le ministre des finances est introduit à deux heures et demie.

Il déclare qu'il n'a rien à dire sur l'ensemble de son projet rectificatif, tous les renseignements étant compris dans l'exposé des motifs; il est prêt à répondre à toutes les questions qui pourront lui être posées.

M. Dreyfus demande, à propos de la création des nouvelles obligations amortissables en soixante-six ans, si l'on ne pourrait pas obtenir *la reconstitution du capital par l'accroissement de l'annuité consacrée à l'amortissement*, de manière à faire revivre le capital affecté aux dépenses de guerre et qui sera totalement perdu autrement.

M. Dauphin répond *qu'il est favorable* à ce système, en ce qui concerne les budgets de la guerre et de la marine; s'il ne l'applique point en 1887, c'est pour ne pas compliquer le budget de cette réforme qui en retarderait le vote. Il aurait voulu reconstituer le capital en moins de soixante-six ans; il y aurait une grosse annuité à inscrire au budget, *mais on assurerait la prospérité de nos finances*. Il faudrait que l'Etat s'engageât à persister dans ce système, même dans les années de crise.

De son côté, M. Camille Dreyfus publiait sur la même question un remarquable article dans la *Nation*, qui indiquait le principe et les bases de l'opération à exécuter :

Quand un Etat emprunte pour la construction de chemins de fer, de ponts, de ports ou de routes, il suffit d'assurer le service des intérêts de l'emprunt et de son amortissement.

Il faut payer le loyer du capital et son remboursement; mais quand la Société a fait cet effort, elle laisse à ses successeurs des instruments de travail dont la valeur peut diminuer, mais qui se transforment perpétuellement et ne s'anéantissent jamais : la dépense a été productive.

Il en est tout autrement pour les dépenses militaires et navales.

Voyez ce qui s'est passé au lendemain de la guerre.

On a dépensé plus de deux milliards pour reconstituer nos armements : néamoins les fusils, les canons, les vaisseaux ont été, dans ces seize ans, modifiés plusieurs fois.

Nous sommes sous le coup d'une nouvelle transformation.

Les forteresses élevées à gros sacrifices, on parle de les blinder pour les protéger contre l'hélofilite — la mélinite des Allemands.

Nos cuirassés, on parle de leur substituer des torpilleurs et des bateaux-canons.

Le fusil à répétition va détrôner le fusil Gras, comme le fusil Gras a détrôné le chassepot.

Et quand tout cela s'est fait, que reste-t-il de l'opération? La richesse publique a payé l'intérêt et l'amortissement des premiers capitaux, et elle n'a plus devant elle que de la vieille ferraille, des plaques de navires à vendre au poids, des moellons de forteresses à vendre aux entrepreneurs des environs.

Anéanti l'effort ! anéantie la richesse, consommée improductivement.

De sorte que les nations tournent dans ce cercle vicieux de s'imposer des sacrifices, chaque jour croissants, pour créer des instruments dont la destinée certaine est d'être détruits à bref délai par la guerre ou par les progrès des sciences militaires.

Le moyen de combler le gouffre qui se creuse ainsi chaque jour sous les finances d'un État est dans l'extension du principe de l'amortissement, dans le suramortissement.

Qu'est-ce, en effet, que l'amortissement? C'est une somme annuelle consacrée au remboursement de la dette. Par exemple, pour rembourser en soixante-six ans 100 francs empruntés à 4 0/0, il suffit d'ajouter chaque année aux 4 francs d'intérêt une somme de 32 centimes 1/2.

Mais inversement, si j'ajoute à mon annuité une seconde somme de 32 centimes 1/2, et si je laisse, d'année en années, les intérêts s'ajouter au capital et porter intérêt à leur tour, il se trouve, qu'au bout de soixante-six ans, j'ai non seulement remboursé le premier capital emprunté, mais j'en ai reconstitué un nouveau.

A son tour, ce nouveau capital reconstitué à terme ou escompté par avance permettra de refaire ces dépenses improductives qu'exige la sécurité des États.

C'est là le fruit de ce travail mécanique de l'intérêt accumulé, qui opère avec une puissance telle qu'un capital à 5 0/0 se double en quatorze ans et se triple en vingt-deux ans.

C'est, pour le nombre, un travail semblable à celui des infiniments petits de la mer, qui se superposant et se juxtaposant créent des masses énormes de rochers.

La puissance de cet instrument mathématique est telle qu'un centime placé à intérêts accumulés depuis la naissance de l'ère chétienne jusqu'à nos jours produirait un trésor dont la valeur serait égale à une sphère d'or massive d'un rayon égal à celui de la terre.

C'est — pour tout dire — le résultat gigantesque de l'effort infiniment petit continué un nombre infiniment grand de fois.

Voilà l'instrument sauveur que la démocratie doit introduire dans ses budgets !

Ainsi la question a été posée à la fois à la Commission du budget et dans la presse.

De son côté, M. Dauphin, ministre des finances, dans le discours qu'il

a prononcé au Sénat dans la séance du 21 février dernier, après avoir indiqué les mesures de consolidation et d'amortissement qu'il se proposait d'introduire dans le budget de 1888 pour les dépenses ordinaires et pour le budget des travaux publics, ajoutait :

Il n'en saurait être de même pour les crédits que les ministères de la guerre et de la marine réclament. Ces dépenses n'ont pas un caractère permanent ; mais il nous apparaît aujourd'hui qu'elles en ont un autre particulier. On n'a pas été, peut-être, jusqu'ici, assez frappé de cette idée, que, dans les départements de la guerre et de la marine, par suite de l'usure du matériel et aussi par le fait des progrès rapides et perpétuels de la science, nous aurons, à des époques déterminées plus ou moins éloignées, des dépenses considérables qui s'imposeront pour défendre notre territoire avec des armes égales à celles des autres peuples de l'Europe.

Je voudrais, messieurs, rechercher s'il n'y a pas moyen, par des inscriptions annuelles dans nos budgets, de préparer ces dépenses à venir, mais perpétuellement renouvelables, au lieu de voir tout d'un coup, pardonnez-moi cette expression commune, tomber sur nous des nécessités de dépenses obligeant à des emprunts.

Je voudrais qu'il y eût une sorte *de reconstitution de ces capitaux empruntés* pour parvenir à faire d'avance, lentement, chaque année, la réserve des sommes qui seront nécessaires à un moment déterminé. Je ne fais qu'indiquer le plan : je développerai en temps utile ma pensée.

Il était impossible d'entrer plus franchement dans la question : Le problème de la *reconstitution des dépenses improductives* est donc nettement posé et devant l'opinion publique et devant le Parlement. Il s'agit donc de le résoudre dans le plus bref délai.

Solution du problème.

Selon nous, le problème ne peut se résoudre que par un arrangement à intervenir entre l'Etat et ses futurs créanciers.

Supposons, par exemple, que, pour la transformation de l'armement et la construction du nouveau matériel naval, l'Etat ait besoin d'une somme totale d'*un milliard de francs*.

C'est sur une hypothèse que nous allons raisonner, mais la démonstration peut s'appliquer tout aussi bien à une somme de 100 francs, de 100 millions ou de 500 millions de francs.

L'Etat a donc besoin d'une somme d'*un milliard* en 1888. Mais, instruits par l'expérience du passé et sachant que fatalement, dans 30 ou

35 années, il faudra faire exactement la même dépense, nous pourrons nous tenir le langage suivant :

D'ici à 100 ans, nous aurons trois dépenses *improductives d'un milliard* chacune à faire, à 33 années d'intervalle par exemple. Trois systèmes se présentent à nous pour effectuer cette triple opération :

1° **L'emprunt perpétuel;**
2° **L'emprunt amortissable;**
3° **L'emprunt amortissable** avec **reconstitution.**

Pour examiner la valeur de ces trois systèmes, nous allons les placer dans une situation identique, c'est-à-dire aux mêmes époques pour les emprunts, au même capital, au même intérêt et avec liquidation totale de l'opération à la fin du siècle observé.

La valeur respective de chacun des systèmes à examiner sera déterminée par la somme totale que les contribuables auront à payer dans le cours du siècle.

Il ne faut pas oublier, en effet, que l'Etat n'est ni un industriel, ni un commerçant, et que les ressources dont il dispose lui sont exclusivement fournies par l'impôt, c'est-à-dire par les contribuables.

EMPRUNT PERPÉTUEL

Si nous adoptons le système de l'*emprunt perpétuel*, le *milliard* emprunté au commencement de 1888, au taux de 4 25 0/0, par exemple, exigera, à partir de cette année, une annuité de 42.500.000 francs, qui se retrouvera dans tous les budgets suivants jusqu'à 1920 inclusivement.

Au commencement de 1921, l'Etat empruntera une nouvelle somme d'*un milliard* au même taux d'intérêt. L'annuité nécessaire aux deux emprunts sera alors de 85.000.000 de francs que les contribuables payeront jusqu'à l'année 1953 inclusivement.

Au commencement de 1954, nouvel emprunt d'*un milliard*. L'annuité pour le service des trois emprunts sera de 127.500.000 francs, jusqu'à la fin de l'année 1986.

Le total des arrérages payés par les contribuables, pendant les 99 années, aura donc été de 8.413.000.000 de francs.

Mais comme l'Etat voudra liquider l'opération à la fin du siècle, il remboursera à ses créanciers les *3 milliards* empruntés; ce qui fait qu'en réalité les contribuables auront payé 11.413.000.000 de francs pour *3 milliards* réellement dépensés.

EMPRUNT AMORTISSABLE

Nous allons supposer, au contraire, que l'Etat adopte le système de *l'emprunt amortissable* en 33 années, à 4 25 0/0.

L'annuité d'amortissement à 4 25 0/0 nécessaire pour amortir un capital d'*un million* de francs en 33 années est de 14.410.650 francs.

De telle sorte qu'en ajoutant à l'intérêt annuel ordinaire (42.500.000 fr.) une annuité de 14.410.650 francs, à la fin de la 33e année l'emprunt primitif sera entièrement remboursé.

Qu'est-ce qu'auront payé les contribuables?

1° 33 fois 42.500.000 francs =	1.402.500.000	francs
2° 33 fois 14.410.650 francs =	475.551.450	—
	1.878.051.450	francs

Mais ce premier emprunt sera entièrement liquidé à la fin de la première période de 33 années.

Au commencement de la 34e année, l'Etat empruntera le *second milliard* exactement dans les mêmes conditions, et, pendant la période 1921 à 1953, les contribuables payeront une nouvelle somme de 1.878.051.450 francs pour l'intérêt et l'amortissement de ce deuxième emprunt.

La même opération sera faite pendant la période 1954 à 1986.

De telle sorte que, pour les trois emprunts d'*un milliard* chacun, les contribuables payeront en intérêts et amortissement la somme totale de 1.878.051.450 × 3 = 5.634.154.350 francs.

En d'autres termes, l'Etat, en adoptant ce deuxième système d'emprunt, aurait fait payer aux contribuables français 5.778.845.650 francs de moins que s'il avait adopté l'*emprunt perpétuel.*

EMPRUNT AMORTISSABLE AVEC RECONSTITUTION

Pour constituer une somme d'*un milliard* en 33 années, au taux de capitalisation de 3 0/0, il faut une annuité de 18.156.120 francs.

De telle sorte que si l'Etat, au commencement de l'année 1888, plaçait chez un banquier quelconque une somme de 18.156.120 francs à intérêts composés 3 0/0, et si chaque année de la période il versait la même somme,

à la fin de la 33e année, les intérêts capitalisés auraient fourni la somme d'*un milliard* de francs.

Cette opération pourrait se faire en toute sécurité pour l'Etat, surtout en liant l'opération de la constitution du *second milliard* à l'emprunt direct du *premier milliard*. L'annuité d'intérêt et d'amortissement du *premier milliard* serait la même annuité qu'il payerait à n'importe quel créancier anonyme. Quant aux sommes constituées par les annuités successives et leurs intérêts composés 3 0/0, elles devraient être représentées dans les caisses mêmes de l'Etat par des titres de rente ou des obligations garanties, dont le prêteur toucherait d'ailleurs les arrérages ou les coupons.

Par cette méthode, l'Etat ne pourrait jamais courir aucun risque, puisqu'il aurait toujours à sa disposition le montant intégral des annuités et de leurs intérêts accumulés.

Avec ce système, à la fin de la 33e année, les contribuables auraient payé d'abord 1.868.051.450 fr. pour l'intérêt et l'amortissement à 4.25 0/0 du premier emprunt d'*un milliard*.

Ils auraient payé également 33 annuités de 18.156.120 fr., soit 599.151.960 fr. Mais l'Etat aurait, au commencement de la 34e année, la libre disposition d'une nouvelle somme d'*un milliard* de francs, pour laquelle les contribuables n'auraient jamais plus à payer, ni intérêt ni amortissement.

Nous savons qu'un *troisième milliard* est nécessaire au commencement de la 3e période, c'est-à-dire au commencement de l'année 1954.

Pour constituer ce nouveau et *dernier milliard*, les contribuables auront donc à payer une nouvelle annuité de 18.156.120 fr. pendant les 33 années de la seconde période, soit au total une nouvelle somme de 599.151.960 fr. Mais au commencement de l'année 1954, l'Etat aura à sa disposition le *troisième milliard* pour lequel les contribuables n'auront plus à payer ni intérêt ni amortissement. De telle sorte que, pendant les 33 années de la dernière période, les contribuables seront entièrement déchargés de toutes les conséquences des *trois milliards* dépensés antérieurement.

En résumé, qu'auront payé les contribuables avec ce nouveau système d'emprunt ?

Pendant la première période : 1.898.051.450 fr. représentant l'intérêt et l'amortissement du *premier milliard* emprunté. De plus, 599.151.960 fr. pour la constitution du *deuxième milliard* dépensé à la 34e année.

Pendant la deuxième période : 599.151.960 fr. pour la constitution du

troisième milliard dont l'Etat aura la libre disposition au commencement de la troisième période, soit au total, pour les *trois milliards* dépensés à 33 ans d'intervalle, une somme de 3.076.355.370 fr. intérêt et amortissement compris.

Ainsi donc, si l'État adoptait ce troisième système, les contribuables auraient payé 2.557.798.980 fr. de moins qu'avec le système de l'*emprunt amortissable*, et 8.336.644.630 fr. de moins qu'avec l'*emprunt perpétuel*.

En d'autres termes, ce troisième système aurait permis de snpprimer d'une manière à peu près absolue les dépenses d'intérêts, puisque, pour l'emprunt perpétuel, les intérêts des *trois milliards*, empruntés par trois fois à 33 années d'intervalle, représentent à eux seuls la somme de 8.413.000.000 de francs.

D'ailleurs, pour faciliter la comparaison des trois systèmes, nous avons construit le tableau suivant qui donne le détail des opérations annuelles des trois systèmes respectifs pendant les 99 années observées.

Grande Imprimerie, 19, rue du Croissant. — J. Cusset.

FONCTIONNEMENT DES TROIS SYSTÈMES D'EMPRUNT

Années	1er SYSTÈME (Emprunt perpétuel)		2e SYSTÈME (Emprunt amortissable en 33 années)				3e SYSTÈME (1er Emprunt amortissable en 33 ans et constitution du 2e Emprunt à la fin de la période) — Amortissement du 1er Emprunt		Constitution du 2e Emprunt			TOTAL des sommes payées par les Contribuables avec le 3e système. 1° Intérêts et amortissement du 1er emprunt. 2° Constitution de l'emprunt suivant.	COMPARAISON des TROIS SYSTÈMES D'EMPRUNT — Sommes payées par les Contribuables, chaque année		
	Intérêts ordinaires — TOTAL des sommes payées par les Contribuables avec le 1er système	CAPITAL restant dû par l'État à la fin de chaque année	Intérêts ordinaires du Capital restant dû par l'État à la fin de chaque année	SOMMES réellement amorties chaque année — Annuités d'amortissement et économies réalisées sur l'intérêt des sommes amorties les années précédentes	TOTAL des sommes payées par les Contribuables avec le 2e système — 1° intérêts de l'Emprunt 2° Amortissement de l'Emprunt	CAPITAL restant dû par l'État à la fin de chaque année	TOTAL des sommes payées par les Contribuables — 1° intérêts de l'Emprunt 2° amortissement de l'Emprunt	CAPITAL restant dû par l'État à la fin de chaque année (pour le 1er Emprunt)	ANNUITÉ payée chaque année par les Contribuables pour constituer 1 milliard à la fin de la 33e année	INTÉRÊTS des sommes constituées dont l'État bénéficie chaque année (sommes gagnées par les Contribuables)	SITUATION à la fin de chaque année du capital constitué et mis à la disposition de l'État		1er SYSTÈME	2me SYSTÈME	3me SYSTÈME
1re Période — 1er Emprunt d'un Milliard															
1888	42.500.000	1.000.000.000	42.500.000	14.410.650	56.910.650	985.589.350	56.910.650	985.589.350	18.156.120	— 0 —	18.156.120	75.066.770	42.500.000	56.910.650	75.066.770
1889	42.500.000	1.000.000.000	41.887.547	15.023.103	56.910.650	970.566.247	56.910.650	970.566.247	18.156.120	544.683	36.856.923	75.066.770	42.500.000	56.910.650	75.066.770
1890	42.500.000	1.000.000.000	41.249.065	15.661.585	56.910.650	954.904.662	56.910.650	954.904.662	18.156.120	1.105.707	56.118.750	75.066.770	42.500.000	56.910.650	75.066.770
1891	42.500.000	1.000.000.000	40.583.448	16.327.202	56.910.650	938.577.460	56.910.650	938.577.460	18.156.120	1.683.562	75.958.432	75.066.770	42.500.000	56.910.650	75.066.770
1892	42.500.000	1.000.000.000	39.889.542	17.021.108	56.910.650	921.556.352	56.910.650	921.556.352	18.156.120	2.278.752	96.393.304	75.066.770	42.500.000	56.910.650	75.066.770
1893	42.500.000	1.000.000.000	39.166.144	17.744.506	56.910.650	903.811.846	56.910.650	903.811.846	18.156.120	2.891.799	117.441.223	75.066.770	42.500.000	56.910.650	75.066.770
1894	42.500.000	1.000.000.000	38.412.003	18.498.647	56.910.650	885.313.199	56.910.650	885.313.199	18.156.120	3.523.236	139.120.579	75.066.770	42.500.000	56.910.650	75.066.770
1895	42.500.000	1.000.000.000	37.625.810	19.284.840	56.910.650	866.028.359	56.910.650	866.028.359	18.156.120	4.173.617	161.450.316	75.066.770	42.500.000	56.910.650	75.066.770
1896	42.500.000	1.000.000.000	36.806.205	20.104.445	56.910.650	845.923.914	56.910.650	845.923.914	18.156.120	4.843.509	184.449.945	75.066.770	42.500.000	56.910.650	75.066.770
1897	42.500.000	1.000.000.000	35.951.766	20.958.884	56.910.650	824.965.030	56.910.650	824.965.030	18.156.120	5.533.498	208.139.563	75.066.770	42.500.000	56.910.650	75.066.770
1898	42.500.000	1.000.000.000	35.061.013	21.849.637	56.910.650	803.115.393	56.910.650	803.115.393	18.156.120	6.244.186	232.539.869	75.066.770	42.500.000	56.910.650	75.066.770
1899	42.500.000	1.000.000.000	34.132.404	22.778.246	56.910.650	780.337.147	56.910.650	780.337.147	18.156.120	6.976.196	257.672.185	75.066.770	42.500.000	56.910.650	75.066.770
1900	42.500.000	1.000.000.000	33.164.328	23.746.322	56.910.650	756.590.825	56.910.650	756.590.825	18.156.120	7.730.165	283.558.470	75.066.770	42.500.000	56.910.650	75.066.770
1901	42.500.000	1.000.000.000	32.155.110	24.755.540	56.910.650	731.835.285	56.910.650	731.835.285	18.156.120	8.506.754	310.221.344	75.066.770	42.500.000	56.910.650	75.066.770
1902	42.500.000	1.000.000.000	31.102.999	25.807.651	56.910.650	706.027.634	56.910.650	706.027.634	18.156.120	9.306.640	337.684.104	75.066.770	42.500.000	56.910.650	75.066.770
1903	42.500.000	1.000.000.000	30.006.174	26.904.476	56.910.650	679.123.158	56.910.650	679.123.158	18.156.120	10.130.523	365.970.747	75.066.770	42.500.000	56.910.650	75.066.770
1904	42.500.000	1.000.000.000	28.862.734	28.047.916	56.910.650	651.075.242	56.910.650	651.075.242	18.156.120	10.979.122	395.105.989	75.066.770	42.500.000	56.910.650	75.066.770
1905	42.500.000	1.000.000.000	27.670.697	29.239.953	56.910.650	621.835.289	56.910.650	621.835.289	18.156.120	11.853.179	425.115.288	75.066.770	42.500.000	56.910.650	75.066.770
1906	42.500.000	1.000.000.000	26.427.999	30.482.651	56.910.650	591.352.638	56.910.650	591.352.638	18.156.120	12.753.458	456.024.866	75.066.770	42.500.000	56.910.650	75.066.770
1907	42.500.000	1.000.000.000	25.132.487	31.778.163	56.910.650	559.574.475	56.910.650	559.574.475	18.156.120	13.680.745	487.861.731	75.066.770	42.500.000	56.910.650	75.066.770
1908	42.500.000	1.000.000.000	23.781.915	33.128.735	56.910.650	526.445.740	56.910.650	526.445.740	18.156.120	14.635.851	520.653.702	75.066.770	42.500.000	56.910.650	75.066.770
1909	42.500.000	1.000.000.000	22.373.943	34.536.707	56.910.650	491.909.033	56.910.650	491.909.033	18.156.120	15.619.611	554.429.433	75.066.770	42.500.000	56.910.650	75.066.770
1910	42.500.000	1.000.000.000	20.906.133	36.004.517	56.910.650	455.904.516	56.910.650	455.904.516	18.156.120	16.632.882	589.218.435	75.066.770	42.500.000	56.910.650	75.066.770
1911	42.500.000	1.000.000.000	19.375.941	37.534.709	56.910.650	418.369.807	56.910.650	418.369.807	18.156.120	17.676.553	625.051.108	75.066.770	42.500.000	56.910.650	75.066.770
1912	42.500.000	1.000.000.000	17.780.716	39.129.934	56.910.650	379.239.873	56.910.650	379.239.873	18.156.120	18.751.533	661.958.761	75.066.770	42.500.000	56.910.650	75.066.770
1913	42.500.000	1.000.000.000	16.117.694	40.792.956	56.910.650	338.446.917	56.910.650	338.446.917	18.156.120	19.858.762	699.973.643	75.066.770	42.500.000	56.910.650	75.066.770
1914	42.500.000	1.000.000.000	14.383.993	42.526.657	56.910.650	295.920.260	56.910.650	295.920.260	18.156.120	20.999.209	739.128.972	75.066.770	42.500.000	56.910.650	75.066.770
1915	42.500.000	1.000.000.000	12.576.611	44.334.039	56.910.650	251.586.221	56.910.650	251.586.221	18.156.120	22.173.869	779.458.961	75.066.770	42.500.000	56.910.650	75.066.770
1916	42.500.000	1.000.000.000	10.692.414	46.218.236	56.910.650	205.367.985	56.910.650	205.367.985	18.156.120	23.383.768	820.998.849	75.066.770	42.500.000	56.910.650	75.066.770
1917	42.500.000	1.000.000.000	8.728.139	48.182.511	56.910.650	157.185.474	56.910.650	157.185.474	18.156.120	24.629.965	863.784.934	75.066.770	42.500.000	56.910.650	75.066.770
1918	42.500.000	1.000.000.000	6.680.382	50.230.268	56.910.650	106.955.206	56.910.650	106.955.206	18.156.120	25.913.548	907.854.602	75.066.770	42.500.000	56.910.650	75.066.770
1919	42.500.000	1.000.000.000	4.545.596	52.365.054	56.910.650	54.590.152	56.910.650	54.590.152	18.156.120	27.235.638	953.246.360	75.066.770	42.500.000	56.910.650	75.066.770
1920	42.500.000	1.000.000.000	2.320.498	54.590.152	56.910.650	— 0 —	56.910.650	— 0 —	18.156.120	28.597.390	999.999.870	75.066.770	42.500.000	56.910.650	75.066.770
2me Période — 2me Emprunt d'un Milliard															
1921	85.000.000	2.000.000.000	42.500.000	14.410.650	56.910.650	985.589.350	— 0 —	— 0 —	18.156.120	— 0 —	18.156.120	18.156.120	85.000.000	56.910.650	18.156.120
1922	85.000.000	2.000.000.000	41.887.547	15.023.103	56.910.650	970.566.247	— 0 —	— 0 —	18.156.120	544.683	36.856.923	18.156.120	85.000.000	56.910.650	18.156.120
1923	85.000.000	2.000.000.000	41.249.065	15.661.585	56.910.650	954.904.662	— 0 —	— 0 —	18.156.120	1.105.707	56.118.750	18.156.120	85.000.000	56.910.650	18.156.120
1924	85.000.000	2.000.000.000	40.583.448	16.327.202	56.910.650	938.577.460	— 0 —	— 0 —	18.156.120	1.683.562	75.958.432	18.156.120	85.000.000	56.910.650	18.156.120
1925	85.000.000	2.000.000.000	39.889.542	17.021.108	56.910.650	921.556.352	— 0 —	— 0 —	18.156.120	2.278.752	96.393.304	18.156.120	85.000.000	56.910.650	18.156.120
1926	85.000.000	2.000.000.000	39.166.144	17.744.506	56.910.650	903.811.846	— 0 —	— 0 —	18.156.120	2.891.799	117.441.223	18.156.120	85.000.000	56.910.650	18.156.120
1927	85.000.000	2.000.000.000	38.412.003	18.498.647	56.910.650	885.313.199	— 0 —	— 0 —	18.156.120	3.523.236	139.120.579	18.156.120	85.000.000	56.910.650	18.156.120
1928	85.000.000	2.000.000.000	37.625.810	19.284.840	56.910.650	866.028.359	— 0 —	— 0 —	18.156.120	4.173.617	161.450.316	18.156.120	85.000.000	56.910.650	18.156.120
1929	85.000.000	2.000.000.000	36.806.205	20.104.445	56.910.650	845.923.914	— 0 —	— 0 —	18.156.120	4.843.509	184.449.945	18.156.120	85.000.000	56.910.650	18.156.120
1930	85.000.000	2.000.000.000	35.951.766	20.958.884	56.910.650	824.965.030	— 0 —	— 0 —	18.156.120	5.533.498	208.139.563	18.156.120	85.000.000	56.910.650	18.156.120
1931	85.000.000	2.000.000.000	35.061.013	21.849.637	56.910.650	803.115.393	— 0 —	— 0 —	18.156.120	6.244.186	232.539.869	18.156.120	85.000.000	56.910.650	18.156.120
1932	85.000.000	2.000.000.000	34.132.404	22.778.246	56.910.650	780.337.147	— 0 —	— 0 —	18.156.120	6.976.196	257.672.185	18.156.120	85.000.000	56.910.650	18.156.120
1933	85.000.000	2.000.000.000	33.164.328	23.746.322	56.910.650	756.590.825	— 0 —	— 0 —	18.156.120	7.730.165	283.558.470	18.156.120	85.000.000	56.910.650	18.156.120
1934	85.000.000	2.000.000.000	32.155.110	24.755.540	56.910.650	731.835.285	— 0 —	— 0 —	18.156.120	8.506.754	310.221.344	18.156.120	85.000.000	56.910.650	18.156.120
1935	85.000.000	2.000.000.000	31.102.999	25.807.651	56.910.650	706.027.634	— 0 —	— 0 —	18.156.120	9.306.640	337.684.104	18.156.120	85.000.000	56.910.650	18.156.120
1936	85.000.000	2.000.000.000	30.006.174	26.904.476	56.910.650	679.123.158	— 0 —	— 0 —	18.156.120	10.130.523	365.970.747	18.156.120	85.000.000	56.910.650	18.156.120
1937	85.000.000	2.000.000.000	28.862.734	28.047.916	56.910.650	651.075.242	— 0 —	— 0 —	18.156.120	10.979.122	395.105.989	18.156.120	85.000.000	56.910.650	18.156.120
1938	85.000.000	2.000.000.000	27.670.697	29.239.953	56.910.650	621.835.289	— 0 —	— 0 —	18.156.120	11.853.179	425.115.288	18.156.120	85.000.000	56.910.650	18.156.120
1939	85.000.000	2.000.000.000	26.427.999	30.482.651	56.910.650	591.352.638	— 0 —	— 0 —	18.156.120	12.753.458	456.024.866	18.156.120	85.000.000	56.910.650	18.156.120
1940	85.000.000	2.000.000.000	25.132.487	31.778.163	56.910.650	559.574.475	— 0 —	— 0 —	18.156.120	13.680.745	487.861.731	18.156.120	85.000.000	56.910.650	18.156.120
1941	85.000.000	2.000.000.000	23.781.915	33.128.735	56.910.650	526.445.740	— 0 —	— 0 —	18.156.120	14.635.851	520.653.702	18.156.120	85.000.000	56.910.650	18.156.120
1942	85.000.000	2.000.000.000	22.373.943	34.536.707	56.910.650	491.909.033	— 0 —	— 0 —	18.156.120	15.619.611	554.429.433	18.156.120	85.000.000	56.910.650	18.156.120
1943	85.000.000	2.000.000.000	20.906.133	36.004.517	56.910.650	455.904.516	— 0 —	— 0 —	18.156.120	16.632.882	589.218.435	18.156.120	85.000.000	56.910.650	18.156.120
1944	85.000.000	2.000.000.000	19.375.941	37.534.709	56.910.650	418.369.807	— 0 —	— 0 —	18.156.120	17.676.553	625.051.108	18.156.120	85.000.000	56.910.650	18.156.120
1945	85.000.000	2.000.000.000	17.780.716	39.129.934	56.910.650	379.239.873	— 0 —	— 0 —	18.156.120	18.751.533	661.958.761	18.156.120	85.000.000	56.910.650	18.156.120
1946	85.000.000	2.000.000.000	16.117.694	40.792.956	56.910.650	338.446.917	— 0 —	— 0 —	18.156.120	19.858.762	699.973.643	18.156.120	85.000.000	56.910.650	18.156.120
1947	85.000.000	2.000.000.000	14.383.993	42.526.657	56.910.650	295.920.260	— 0 —	— 0 —	18.156.120	20.999.209	739.128.972	18.156.120	85.000.000	56.910.650	18.156.120
1948	85.000.000	2.000.000.000	12.576.611	44.334.039	56.910.650	251.586.221	— 0 —	— 0 —	18.156.120	22.173.869	779.458.961	18.156.120	85.000.000	56.910.650	18.156.120
1949	85.000.000	2.000.000.000	10.692.414	46.218.236	56.910.650	205.367.985	— 0 —	— 0 —	18.156.120	23.383.768	820.998.849	18.156.120	85.000.000	56.910.650	18.156.120
1950	85.000.000	2.000.000.000	8.728.139	48.182.511	56.910.650	157.185.474	— 0 —	— 0 —	18.156.120	24.629.965	863.784.934	18.156.120	85.000.000	56.910.650	18.156.120
1951	85.000.000	2.000.000.000	6.680.382	50.230.268	56.910.650	106.955.206	— 0 —	— 0 —	18.156.120	25.913.548	907.854.602	18.156.120	85.000.000	56.910.650	18.156.120
1952	85.000.000	2.000.000.000	4.545.596	52.365.054	56.910.650	54.590.152	— 0 —	— 0 —	18.156.120	27.235.638	953.246.360	18.156.120	85.000.000	56.910.650	18.156.120
1953	85.000.000	2.000.000.000	2.320.498	54.590.152	56.910.650	— 0 —	— 0 —	— 0 —	18.156.120	28.597.390	999.999.870	18.156.120	85.000.000	56.910.650	18.156.120
3me Période — 3me Emprunt d'un Milliard															
1954	127.500.000	3.000.000.000	42.500.000	14.410.650	56.910.650	985.589.350	— 0 —	— 0 —	— 0 —	— 0 —	— 0 —	— 0 —	127.000.000	56.910.650	— 0 —
1955	127.500.000	3.000.000.000	41.887.547	15.023.103	56.910.650	970.566.247	— 0 —	— 0 —	— 0 —	— 0 —	— 0 —	— 0 —	127.000.000	56.910.650	— 0 —
1956	127.500.000	3.000.000.000	41.249.065	15.661.585	56.910.650	954.904.662	— 0 —	— 0 —	— 0 —	— 0 —	— 0 —	— 0 —	127.000.000	56.910.650	— 0 —
1957	127.500.000	3.000.000.000	40.583.448	16.327.202	56.910.650	938.577.460	— 0 —	— 0 —	— 0 —	— 0 —	— 0 —	— 0 —	127.000.000	56.910.650	— 0 —
1958	127.500.000	3.000.000.000	39.889.542	17.021.108	56.910.650	921.556.352	— 0 —	— 0 —	— 0 —	— 0 —	— 0 —	— 0 —	127.000.000	56.910.650	— 0 —
1959	127.500.000	3.000.000.000	39.166.144	17.744.506	56.910.650	903.811.846	— 0 —	— 0 —	— 0 —	— 0 —	— 0 —	— 0 —	127.000.000	56.910.650	— 0 —
1960	127.500.000	3.000.000.000	38.412.003	18.498.647	56.910.650	885.313.199	— 0 —	— 0 —	— 0 —	— 0 —	— 0 —	— 0 —	127.000.000	56.910.650	— 0 —
1961	127.500.000	3.000.000.000	37.625.810	19.284.840	56.910.650	866.028.359	— 0 —	— 0 —	— 0 —	— 0 —	— 0 —	— 0 —	127.000.000	56.910.650	— 0 —
1962	127.500.000	3.000.000.000	36.806.205	20.104.445	56.910.650	845.923.914	— 0 —	— 0 —	— 0 —	— 0 —	— 0 —	— 0 —	127.000.000	56.910.650	— 0 —
1963	127.500.000	3.000.000.000	35.951.766	20.958.884	56.910.650	824.965.030	— 0 —	— 0 —	— 0 —	— 0 —	— 0 —	— 0 —	127.000.000	56.910.650	— 0 —
1964	127.500.000	3.000.000.000	35.061.013	21.849.637	56.910.650	803.115.393	— 0 —	— 0 —	— 0 —	— 0 —	— 0 —	— 0 —	127.000.000	56.910.650	— 0 —
1965	127.500.000	3.000.000.000	34.132.404	22.778.246	56.910.650	780.337.147	— 0 —	— 0 —	— 0 —	— 0 —	— 0 —	— 0 —	127.000.000	56.910.650	— 0 —
1966	127.500.000	3.000.000.000	33.164.328	23.746.322	56.910.650	756.590.825	— 0 —	— 0 —	— 0 —	— 0 —	— 0 —	— 0 —	127.000.000	56.910.650	— 0 —
1967	127.500.000	3.000.000.000	32.155.110	24.755.540	56.910.650	731.835.285	— 0 —	— 0 —	— 0 —	— 0 —	— 0 —	— 0 —	127.000.000	56.910.650	— 0 —
1968	127.500.000	3.000.000.000	31.102.999	25.807.651	56.910.650	706.027.634	— 0 —	— 0 —	— 0 —	— 0 —	— 0 —	— 0 —	127.000.000	56.910.650	— 0 —
1969	127.500.000	3.000.000.000	30.006.174	26.904.476	56.910.650	679.123.158	— 0 —	— 0 —	— 0 —	— 0 —	— 0 —	— 0 —	127.000.000	56.910.650	— 0 —
1970	127.500.000	3.000.000.000	28.862.734	28.047.916	56.910.650	651.075.242	— 0 —	— 0 —	— 0 —	— 0 —	— 0 —	— 0 —	127.000.000	56.910.650	— 0 —
1971	127.500.000	3.000.000.000	27.670.697	29.239.953	56.910.650	621.835.289	— 0 —	— 0 —	— 0 —	— 0 —	— 0 —	— 0 —	127.000.000	56.910.650	— 0 —
1972	127.500.000	3.000.000.000	26.427.999	30.482.651	56.910.650	591.352.638	— 0 —	— 0 —	— 0 —	— 0 —	— 0 —	— 0 —	127.000.000	56.910.650	— 0 —
1973	127.500.000	3.000.000.000	25.132.487	31.778.163	56.910.650	559.574.475	— 0 —	— 0 —	— 0 —	— 0 —	— 0 —	— 0 —	127.000.000	56.910.650	— 0 —
1974	127.500.000	3.000.000.000	23.781.915	33.128.735	56.910.650	526.445.740	— 0 —	— 0 —	— 0 —	— 0 —	— 0 —	— 0 —	127.000.000	56.910.650	— 0 —
1975	127.500.000	3.000.000.000	22.373.943	34.536.707	56.910.650	491.909.033	— 0 —	— 0 —	— 0 —	— 0 —	— 0 —	— 0 —	127.000.000	56.910.650	— 0 —
1976	127.500.000	3.000.000.000	20.906.133	36.004.517	56.910.650	455.904.516	— 0 —	— 0 —	— 0 —	— 0 —	— 0 —	— 0 —	127.000.000	56.910.650	— 0 —
1977	127.500.000	3.000.000.000	19.375.941	37.534.709	56.910.650	418.369.807	— 0 —	— 0 —	— 0 —	— 0 —	— 0 —	— 0 —	127.000.000	56.910.650	— 0 —
1978	127.500.000	3.000.000.000	17.780.716	39.129.934	56.910.650	379.239.873	— 0 —	— 0 —	— 0 —	— 0 —	— 0 —	— 0 —	127.000.000	56.910.650	— 0 —
1979	127.500.000	3.000.000.000	16.117.694	40.792.956	56.910.650	338.446.917	— 0 —	— 0 —	— 0 —	— 0 —	— 0 —	— 0 —	127.000.000	56.910.650	— 0 —
1980	127.500.000	3.000.000.000	14.383.993	42.526.657	56.910.650	295.920.260	— 0 —	— 0 —	— 0 —	— 0 —	— 0 —	— 0 —	127.000.000	56.910.650	— 0 —
1981	127.500.000	3.000.000.000	12.576.611	44.334.039	56.910.650	251.586.221	— 0 —	— 0 —	— 0 —	— 0 —	— 0 —	— 0 —	127.000.000	56.910.650	— 0 —
1982	127.500.000	3.000.000.000	10.692.414	46.218.236	56.910.650	205.367.985	— 0 —	— 0 —	— 0 —	— 0 —	— 0 —	— 0 —	127.000.000	56.910.650	— 0 —
1983	127.500.000	3.000.000.000	8.728.139	48.182.511	56.910.650	157.185.474	— 0 —	— 0 —	— 0 —	— 0 —	— 0 —	— 0 —	127.000.000	56.910.650	— 0 —
1984	127.500.000	3.000.000.000	6.680.382	50.230.268	56.910.650	106.955.206	— 0 —	— 0 —	— 0 —	— 0 —	— 0 —	— 0 —	127.000.000	56.910.650	— 0 —
1985	127.500.000	3.000.000.000	4.545.596	52.365.054	56.910.650	54.590.152	— 0 —	— 0 —	— 0 —	— 0 —	— 0 —	— 0 —	127.000.000	56.910.650	— 0 —
1986	127.500.000	3.000.000.000	2.320.498	54.590.152	56.910.650	— 0 —	— 0 —	— 0 —	— 0 —	— 0 —	— 0 —	— 0 —	127.000.000	56.910.650	— 0 —
Remboursement capital dû	3.000.000.000	»	»	»	»	»	»	»	»	»	»	»	3.000.000.000	»	»
TAUX.	11.413.000.000	»	2.634.154.350	3.000.000.000	5.634.154.350	»	1.878.051.450	»	1.198.303.920	»	»	3.076.355.370			

	1er Système	2e Système	3e Système
TOTAL des Sommes payées par les Contribuables dans chacun des Trois systèmes d'Emprunt	11.413.000.000	5.634.154.350	3.076.355.370

www.ingramcontent.com/pod-product-compliance
Ingram Content Group UK Ltd.
Pitfield, Milton Keynes, MK11 3LW, UK
UKHW021150140726
13695UKWH00005B/2057

9 782014 059403